SALUDABLE
MENTE

NATURALMENTE JOVEN

Metodos y consejos antienvejecimiento

INDICE

NATURALMENTE JOVEN: Metodos y consejos antienvejecimiento

Introducción

Todo el mundo ha oído el viejo adagio "la edad es sólo un número" y para muchos aspectos de la vida esto todavía es cierto. Recuerda, eres tan viejo como te sientes. Aún así, es un poco difícil asimilar lo que vemos una vez que nos ponemos delante del espejo, especialmente si no nos gusta lo que vemos. Ten en cuenta que esto requerirá un poco de sacrificio de tu parte y deberías aprender a aceptar este sacrificio y los cambios que traerá.

Durante muchos años, muchos científicos, médicos y esteticistas han luchado para averiguar el secreto para parecer joven para siempre. La verdad es que permanecer joven para siempre es simplemente imposible.

Pero hay cosas que podemos hacer para retrasar el proceso de envejecimiento. No es necesario gastar miles y miles de dólares en tratamientos costosos o cirugías riesgosas. Pero siguiendo estos consejos te encontrarás sintiéndote y pareciendo joven de nuevo con simples consejos de salud que ayudarán a mejorar tu la salud en general.

Espero que disfrutes de la lectura de este libro y tenemos la esperanza de que te ayuden a sentirte y verte mejor!.

Capítulo 1: Hábitos que mejorarán cómo te sientes y te ves

Haciendo ejercicio regularmente

Lo creas o no, una de las cosas más importantes que podemos hacer para mejorar nuestra apariencia y cómo nos vemos cuando somos un poco más viejos es hacer ejercicio. Un estudio reciente realizado por el Colegio Americano de Medicina Deportiva encontró que el ejercicio es una de las mejores maneras de mejorar la movilidad a medida que envejecemos. Cuando digo "ejercicio" no me refiero necesariamente a una sesión de levantamiento de pesas o a un medio maratón. Cosas simples como una caminata rápida de 15 minutos o una clase de yoga pueden ayudar mucho. Al mejorar la movilidad no sólo nos sentiremos más jóvenes, sino que mejoraremos en varios aspectos de nuestra vida que ponen a prueba el potencial de nuestro cuerpo.

Cosas como subir un tramo de escaleras o agacharse para recoger el periódico son cosas que pueden ser un reto para algunas personas, pero mientras te mantengas en forma, no deberían convertirse en un problema con el tiempo.

Dormir lo suficiente

Si eres como la mayoría de los adultos, es muy probable que no duermas lo suficiente todos los días para recuperarte completamente después de un largo día. Lo creas o no, es posible que tu falta de sueño adecuado pueda estar causando que ganes peso. En lugar de concentrarnos en dormir bien, nos concentramos en obtener nuestra energía de una taza de café o de golosinas azucaradas, lo que finalmente conduce a un aumento de peso. Esto también significa que, como estás cansado, es probable que no tengas tiempo de cocinar una comida saludable, así que irás a comer algo de comida rápida después del trabajo y acabarás comiendo un millón de calorías. Es un círculo vicioso que en última instancia conduce a menos niveles de actividad y más ingesta de calorías. Es natural que nuestros cerebros respondan a la falta de sueño yendo por alimentos reconfortantes. ¿Pero cuál es el resultado inmediato de esto? Sí, podrás mantenerte despierto, pero ¿a qué precio?

Grasa no deseada, mal humor, cansancio, irritabilidad y otros síntomas.

No es un secreto que nuestros cuerpos se curan solos cuando dormimos. Al permitir que nuestros cuerpos alcancen un estado de sueño profundo estamos dando a nuestros cuerpos la oportunidad de recuperarse de todas las cosas por las que lo hemos hecho pasar durante el día.

Cuando dormimos, permitimos que las células de nuestra cara produzcan colágeno, un tejido fibroso en nuestro cuerpo que es un ingrediente clave para una piel firme y de aspecto joven. La cantidad recomendada de sueño que un adulto debe tener varía entre 7,5 y 8 horas de sueño continuo. Recuerda que la deuda de sueño es como la deuda de una tarjeta de crédito, si sigues acumulando deudas eventualmente irás a la bancarrota.

Para conseguir una buena noche de sueño necesitas crear el ambiente perfecto que promueva un sueño saludable. Una de las primeras cosas que recomiendo es deshacerse de la televisión en tu habitación, necesitas relajarte antes de ir a la cama y al ver la televisión en nuestra cama estamos dejando que nuestros cerebros se exciten hasta que se caigan.

Deshazte del Smartphone también. Puedes hacer una lectura ligera bajo una luz nocturna, pero eso es todo. Tampoco comas comidas pesadas o bebidas con cafeína antes de acostarte, ya que esto hará que tu sistema digestivo trabaje horas extras y puede afectar a tu forma de dormir.

Dejar de fumar

Fumar es, sin duda, uno de los peores hábitos que puedes adquirir, especialmente si intentas mantenerte joven. Se ha demostrado que fumar cigarrillos acelera el proceso de envejecimiento de nuestras células y se ha demostrado que acelera el proceso de envejecimiento en personas tan jóvenes como de 20 años. Los cigarrillos contienen más de 5000 ingredientes que cuando se fuman se convierten en compuestos químicos desagradables que pueden afectar la composición de la piel, así como los dientes, los dedos, los pulmones, la boca, la lengua, los ojos y el sistema inmunológico. Fumar también afecta a la piel de la cara, reduciendo la cantidad de sangre que recibe la piel, lo que puede llevar a que la piel se arrugue y se manche.

Dejar de fumar puede ser una de las cosas más difíciles de hacer, afortunadamente hay muchas alternativas para las personas que están tratando de dejar de fumar. Pero si una de tus prioridades es mantenerte joven, dejar de fumar te dará resultados casi inmediatos y te garantizo que empezarás a sentirte mejor casi de inmediato.

Protégete del sol

Puede que ya sepas lo peligrosa que es la radiación UV para tu piel, pero un estudio reciente realizado, concluyó a través de la micro topografía que las personas que no usan protector solar o gafas de sol mostraron daños en la piel más profunda, las fibras elásticas y el colágeno. Y los pacientes que sí usaban protector solar mostraron hasta un 24% menos de daño en su piel.

Al exponer nuestra piel a la constante radiación UV del sol, estamos dañando prematuramente nuestra piel y ralentizando el proceso regenerativo que se produce en las células de nuestra piel. No sólo eso, sino que la constante radiación UV ha sido científicamente relacionada con terribles condiciones como el cáncer de piel, el melanoma, el envejecimiento prematuro y otros daños de la piel.

Esto no es exclusivo de la cara, pero la piel de nuestros antebrazos, manos, cuello y hombros puede ser fácilmente afectada por la exposición prolongada a la radiación UV.

Evita el estrés

Las situaciones estresantes y la ansiedad general tienen un efecto muy agotador en tu cuerpo. El agotamiento relacionado con el trabajo asociado con altos niveles de estrés afecta al ADN de las células de la piel acortando los telómeros, causando que las células se dañen o incluso mueran.

No sólo eso, sino que incluso la idea de estar estresado puede aumentar el riesgo de trastornos relacionados con la edad, haciendo que el cerebro se ponga en marcha. Un estudio reciente demostró que una mayor carga de estrés podría llevar al cerebro humano hacia síntomas relacionados con el envejecimiento.

Es muy importante que aprendamos a manejar el estrés y las situaciones de ansiedad, calmándonos y adaptándonos a estas situaciones. Los expertos recomiendan que nos permitamos períodos de meditación profunda y relajación. Identificar las fuentes de estrés en tu vida también puede ayudar mucho a mejorar tu salud mental en general. Mira tus hábitos y actitudes y acepta la responsabilidad de tus acciones.

Si el estrés se vuelve insoportable, puede ser una buena idea buscar ayuda profesional. Si todo lo demás falla, piensa en tomarte un día libre, a veces esto ayuda mucho a la hora de lidiar con el estrés, pero no pases todo el día en la cama pensando en lo horrible que va a ser el mañana, planifica tu día con anticipación, asegúrate de planear en torno a comer una comida saludable y satisfactoria y hacer un poco de ejercicio ligero como una caminata ligera, andar en bicicleta o nadar.

¡Quizás incluso sacar al perro a pasear! El plan aquí es tomar un descanso de la gran cantidad de cosas que tenemos que hacer todos los días. Al "reajustar" nuestros cuerpos y mentes podemos fácilmente superar los efectos del estrés.

Capítulo 2: Tu dieta y el envejecimiento

Aunque tener hábitos buenos y saludables es una excelente manera de mantenerte joven, también es importante recordar que una buena dieta es beneficiosa para ti. Desde el cerebro hasta los huesos, lo que comemos termina jugando un papel importante en lo bien que envejecemos. Al comer los alimentos adecuados podemos hacer que nuestros cuerpos y nuestras mentes sean más saludables y capaces de rendir más tiempo, evitando las lesiones y el mal aspecto de la piel. Aquí hay una lista de alimentos que se recomiendan para retrasar el proceso de envejecimiento en nuestros cuerpos:

Frutas y verduras

Una de las piedras angulares de nuestra dieta y una que a menudo descuidamos. Las coloridas frutas y verduras están llenas de antioxidantes. Estoy seguro de que has escuchado este término antes, pero ¿qué son exactamente los antioxidantes? Los antioxidantes son compuestos químicos que se encuentran en los alimentos y los suplementos y que son capaces de frenar los efectos normales de la oxidación en los tejidos. Necesitamos recordar que este proceso, aunque dañe la piel y otros tejidos, es completamente normal. No hay manera de detenerlo, pero podemos retardarlo comiendo alimentos como frutas y verduras.

Comiendo alimentos ricos en vitamina C,

zinc y betacaroteno podemos preservar nuestra visión previniendo la degeneración ocular, una de las principales causas de ceguera en los adultos mayores.

Las verduras de hoja como las espinacas y la col rizada y otros productos de colores como el maíz, las naranjas y el melón están llenos de estos tres antioxidantes vitales.

Si eres amante del vino, también te alegrará saber que un antioxidante común que se puede encontrar en las uvas rojas como el vino, llamado resveratrol, es un antioxidante fantástico que protege el cuerpo contra los daños relacionados con el cáncer y las enfermedades cardíacas, reduciendo la inflamación y previniendo la oxidación del colesterol. En resumen, si quieres tomar un vaso de vino tinto de vez en cuando, entonces hazlo.

Peces

El pescado está absolutamente lleno de ácidos grasos Omega-3 que ofrecen fantásticos beneficios antienvejecimiento. Los Omega-3 no sólo son vitales para nuestro organismo, sino que también ayudan a nuestro cuerpo a reducir los niveles elevados de colesterol, lo que nos pone en riesgo de enfermedades cardíacas. Los ácidos Omega-3 específicamente (EPA y DHA) también pueden ayudar a mejorar las condiciones de las articulaciones y ayudar a aliviar la rigidez de las mismas, lo que definitivamente te hará sentirte más joven de nuevo.

Por último, algunos ácidos Omega-3 pueden ayudar moderadamente a elevar tu estado de ánimo e interactuar con algunos antidepresivos para potenciar sus efectos. Normalmente, siempre es una buena idea tratar de obtener los Omega-3 de fuentes alimenticias naturales, los suplementos también están bien, pero la tasa de absorción es significativamente mayor cuando se obtienen de fuentes naturales. Algunas de las variedades de pescado que contienen altos niveles de ácidos grasos Omega-3 son las anchoas, el arenque, la caballa, el salmón (intenta conseguir pescado silvestre si es posible), el atún y la trucha.

Lácteos

He notado un reciente hilo en la salud

alimentaria donde los lácteos son demonizados por sus altos niveles de grasa, hormonas y el efecto que causan en el sistema digestivo de ciertas personas.

No estoy seguro de por qué esta guerra de los lácteos ha ganado tanta popularidad, pero estoy muy preocupado porque la mayoría de los productos lácteos son fantásticos. El calcio y la vitamina D que se encuentran en la leche, el queso y el yogur juegan un papel vital en el mantenimiento de nuestros huesos fuertes y en la prevención de la osteoporosis.

Elegir productos lácteos bajos en grasas también ayudará a mantener bajos los niveles de colesterol, reduciendo las posibilidades de enfermedades cardíacas, derrames cerebrales y más. Si tienes intolerancia legítima a la lactosa (otro término que veo muy extendido) puedes intentar encontrar productos lácteos que no contengan lactosa pero que estén fortificados con calcio y vitamina D.

Nueces

Todos los tipos de nueces (siempre y cuando no tengan sal) tienen increíbles efectos antienvejecimiento. Las nueces, almendras, anacardos y nueces de pecán son excelentes tanto si se consumen solas como si se añaden a otros alimentos de esta lista, como ensaladas o yogures.

Las nueces tienen altos niveles de ácidos Omega-3 y son ricas en grasas monoinsaturadas (una de las llamadas grasas "buenas") que ayudan a mejorar el estado del corazón. En términos generales, una porción de 10-15 nueces sin sal todos los días te dará excelentes beneficios para la salud sin añadir una cantidad significativa de calorías a tu ingesta calórica.

Té

El té en general está repleto de antioxidantes, pero si realmente quieres hacer un esfuerzo extra, toma té verde o té negro. El té verde y el negro tienen 10 veces la cantidad de antioxidantes que se encuentran en las frutas y verduras.

El té verde y el té negro provienen de la misma planta. Camelia Sinesis, que es rica en polifenoles, un antioxidante que ayuda a desintoxicar las células de nuestra piel y otros tejidos. Esta planta también tiene muchas epicatequinas y catequinas. Dos de los antioxidantes más importantes para el cuerpo porque ayudan a reducir las toxinas relacionadas con la aterosclerosis y el cáncer.

Bayas

Las bayas son bien conocidas por sus propiedades antienvejecimiento ya que contienen flavonoides, poderosos antioxidantes que protegen el cuerpo de los radicales libres y el envejecimiento.

Lo bueno de las bayas es que hay muchas formas diferentes de comerlas, mezclarlas en el yogur o en los cereales, congelarlas y mezclarlas en sabrosos batidos, o bien comerlas solas, secas o frescas. Las bayas también están disponibles durante todo el año y son bastante baratas. Considera comprarlas a granel y congelarlas si es necesario.

Los estudios muestran que una taza de bayas mezcladas al día proporciona todos los antioxidantes que necesitas en un día. Sin embargo, recomiendo que obtengas tus antioxidantes de diferentes fuentes de alimentos y suplementos ya que puede ser más fácil para tu cuerpo absorberlos.

Capítulo 3: Alimentos a evitar

Lo creas o no, es muy posible que tu dieta te haga envejecer o que te impida hacer esfuerzos antienvejecimiento. Lo que pongas en su plato determinará en última instancia la rapidez con la que envejeces y la rapidez con la que estos síntomas de envejecimiento se manifiestan en tu cuerpo. Al comer alimentos de baja calidad como azúcares refinados y carbohidratos simples, terminarás dañando el colágeno de tu piel, haciéndote parecer cansado y viejo con el tiempo.

También se ha demostrado que alimentos como las grasas trans causan inflamación y estreñimiento, lo que afectará la salud de tu sistema digestivo, nervioso y circulatorio al retener toxinas en tu tracto gastrointestinal, riñones y sangre.

También puede ser una buena idea limitar la cantidad de alimentos fritos o rebozados que comes. Cualquier cosa que haya sido frita causará inflamación en todo el cuerpo.

Ten especial cuidado con los alimentos ricos en grasas trans, ya que aumentarán el colesterol y reducirán el colesterol bueno. Como siempre, asegúrate de revisar las etiquetas de tus alimentos para ver si hay alguna señal de alerta. Si no estás completamente convencido, puede ser una buena idea abstenerse.

Capítulo 4: Productos cosméticos y remedios naturales

Una de las ventajas de vivir en estos tiempos modernos es el gran número de productos de belleza a los que tenemos acceso. Desde hidratantes a exfoliantes, a limpiadores profundos, cremas de noche... ¿Pero realmente necesitamos todos estos productos? ¿Cuáles son algunos de los productos naturales que se pueden hacer en casa a bajo precio? ¿Qué tipo de crema es la adecuada para ti? Hidratantes y cremas de noche que cuestan cientos y cientos de dólares y vienen envueltas en un lujoso embalaje están bien no me malinterpretes, pero ¿por qué deberías gastar tanto dinero en un producto que pueden ser fácilmente sustituido? Los humectantes hacen lo mismo, simplemente sellan la humedad en tu piel. Pero echemos un vistazo a lo que hacen estos productos y cómo se pueden sustituir fácilmente.

Limpiadores

El propósito básico de los limpiadores es limpiar la piel. La mayoría de los limpiadores tienen un tiempo activo de 10 segundos o menos y la mayoría de los dermatólogos están de acuerdo en que cualquier producto que permanezca en tu cara durante sólo 10 segundos no hará realmente mucho por tu piel. Sí, puedes gastar un montón de dinero en un limpiador hecho en Francia y definitivamente hará su trabajo muy bien.

Pero si le preguntas a cualquier dermatólogo te dirá que sólo usa un limpiador básico de 5 dólares que puedes conseguir en tu farmacia local. Al eliminar la suciedad, el aceite, el maquillaje y otras toxinas de tu piel puedes mejorar la salud general de tu piel y asegurarte de mantener alejadas las bacterias y otras partículas dañinas. Dado que los limpiadores faciales hacen un trabajo mucho mejor en la limpieza profunda de la piel que una barra de jabón normal, es vital mantener un limpiador facial en los productos de belleza. Recuerda siempre lavarte las manos antes de aplicar el limpiador y luego salpicando tu cara con agua tibia. Frota un poco de limpiador en tus manos y frota tu cara hasta el cuello. Enjuaga la piel con agua fría y sécate la cara con una toalla o paño limpio.

Hidratantes

Como se ha dicho antes, el trabajo de los humectantes es mantener la piel hidratada sellando la humedad. Los humectantes suelen estar hechos de una combinación de aceites, cremas y extractos de plantas y pueden utilizarse en la cara y el cuerpo. Los humectantes suelen estar enriquecidos con vitaminas y otros nutrientes. Una vez que se aplica el humectante en la piel, se absorbe instantáneamente y comienza su trabajo de reponer la humedad, las vitaminas y los minerales de la piel para mantenerla elástica, suave y sin arrugas. Es muy importante que elijas el humectante adecuado para tu piel, ya sea seca o grasa, y también recuerda elegir un humectante espeso para el invierno si vives en una zona donde hace frío. El mejor momento del día para aplicar la crema hidratante en la cara es justo después de la ducha, generalmente dentro de los 5 minutos de haber girado el agua, ya que queremos atraer la mayor cantidad de humedad posible. Recuerda usar un toque suave y no tirar de tu piel.

Aplica la crema hidratante en tu cara al menos dos veces al día; por la mañana y por la noche. Un último consejo, las personas que tienen condiciones de la piel como erupciones o acné normalmente querrán saltarse la crema hidratante porque piensan que añadiendo un producto aceitoso a su piel empeorarán la condición.

Esto no podría estar más lejos de la verdad, la piel dañada necesita tanta humedad como pueda conseguir, y al usar un humectante estamos proporcionando un ambiente de piel saludable que acelerará el proceso de curación.

Crema para el cuello

Nuestros cuellos son uno de los lugares de nuestros cuerpos más propensos a tener arrugas. Ya sea por la constante exposición a los elementos, el estiramiento o la falta de colágeno, nuestros cuellos tienden a convertirse en una zona problemática. Escogiendo una buena crema para el cuello, dependiendo del tipo de piel que tengas, podemos asegurarnos de que nuestros cuellos se mantengan sin arrugas. Recuerda aplicar la crema de noche después de exfoliar hasta la parte superior del pecho, eliminando la capa de piel muerta que permitirá que los ingredientes activos de la crema sean absorbidos por la piel más rápidamente. Si es posible, busca una crema para el cuello que tenga Retinol; una forma animal de vitamina A, que es esencial para la salud de la piel. Otro ingrediente a tener en cuenta son los péptidos, ya que ayudan a la producción de colágeno en nuestro sistema y mejoran la elasticidad de la piel en nuestros cuellos, pecho y cara.

Finalmente, las cremas con Niacina, son capaces de penetrar la barrera cutánea y fortalecer la piel, haciéndola más flexible y menos propensa a arrugarse con el tiempo. Se ha demostrado que las cremas para el cuello con estos ingredientes mejoran dramáticamente no sólo la textura, sino también el tono y la firmeza del cuello y las áreas circundantes.

Protector solar

El protector solar es el único producto que evitará que tu piel envejezca de forma natural. Cuando elijas una marca de protector solar, ten en cuenta todas las opciones disponibles. ¿Protege el protector solar contra los rayos UV? ¿Es resistente al sudor y al agua? ¿Tiene aroma? ¿Es calcáreo o aceitoso? Elije un protector solar con el que te sientas cómodo y asegúrate de que tenga un FPS de al menos 50. Póntelo al menos 20 minutos antes de salir y asegúrate de que tu piel esté seca y limpia antes de ponértelo. Si sabes de antemano que pasarás mucho tiempo bajo el sol, considera la posibilidad de usar un sombrero y trata de permanecer en la sombra el mayor tiempo posible planeando alrededor del sol. Recuerda que el mejor protector solar es el que funciona para ti, encuentra una textura que te guste y no olvides aplicarte el protector solar en todas las áreas del cuerpo que estarán expuestas a la luz directa del sol; tus orejas, cuello, hombros, manos, brazos y piernas pueden quemarse fácilmente con el sol y tendemos a ignorar esas partes de nuestro cuerpo porque nos enfocamos demasiado en la cara.

Exfoliantes

Exfoliar la piel es una de las mejores cosas que puedes hacer para asegurarte de que te ves joven por mucho tiempo. Nuestras células de la piel se desprenderán naturalmente de millones y millones de células de la piel cada día. Cuando esta descamación natural se ralentiza o se detiene debido a los daños de la piel seca, el sol u otros trastornos, nuestra piel tenderá a parecer seca y escamosa con manchas e imperfecciones.

Usando un exofoliante podemos ayudar a nuestra piel a rejuvenecer más rápido ya que una vez que nos deshagamos de las capas de piel muerta, nuestra piel se verá inmediatamente brillante y llena de vida mientras que mejora su flexibilidad a largo plazo. Normalmente recomiendo exfoliar no más de una vez al día, justo antes de acostarse, ya que es cuando nuestros rostros acumulan el mayor número de células de piel muerta.

Puedes empezar salpicando tu cara con agua fría y frotando lentamente el exfoliante por toda tu cara, manos y cuello. Déjalo reposar sobre tu piel por lo menos 2 o 3 minutos y enjuaga con agua fría. Seca tu cara con una toalla limpia y cuando termines puedes seguir adelante y aplicar cualquier otro producto que desees, como la base, la crema de noche o el protector solar.

Capítulo 5: Suplementos

Viviendo en estos tiempos modernos, puede ser muy difícil obtener todos los nutrientes de nuestros alimentos. Vivimos en tiempos en los que comer bien se ha convertido en una tarea y nos hemos dejado llevar por la comodidad de comer mal.

Aunque siempre es una buena idea obtener los nutrientes directamente de los alimentos, me doy cuenta de que esto no siempre es posible, y es ahí donde entran en juego los suplementos.

Los suplementos nos ayudarán a absorber todos los nutrientes que nuestro cuerpo necesita para verse y sentirse joven y aunque no son necesarios, siempre son una buena ayuda cuando se trata de mantenerse joven.

Calcio

El calcio es un mineral que se encuentra en varios alimentos como los lácteos y trabaja junto con la vitamina D para proporcionar los nutrientes necesarios para crear un ambiente saludable para quemar grasa.

El calcio se almacena normalmente en las células grasas y estudios recientes han descubierto que cuanto más calcio tenga una célula grasa, más grasa quemará esa célula a largo plazo. El calcio también ayuda a reducir la tasa de absorción de la grasa en el tracto gastrointestinal, reduciendo la cantidad de exceso de grasa que el cuerpo almacena de los alimentos grasos.

Extracto de glucomanano

El extracto de glucomanano se obtiene de una planta del sur de Asia llamada Konjac, que tiene un alto contenido en fibra y se considera muy eficaz para la diabetes y el control de la glucosa, pero también ofrece propiedades de pérdida de peso.

Esta planta ha sido durante muchos años una importante fuente de alimento para los asiáticos y sus altos niveles de fibra ayudan a absorber agua en el tracto gastrointestinal, reduciendo la absorción de carbohidratos complejos y el colesterol y se ha utilizado durante muchos años como un remedio popular para la obesidad.

Complejo B

Al obtener una vitamina del Complejo B se obtiene toda la gama de vitaminas B, incluyendo B1, B2, B3, B5, B6, B7, B9 y B12. Ten en cuenta que a menos que tengas una notable deficiencia de vitamina B, debes limitar la cantidad de suplementos B que ingieres.

El más importante de todos ellos es, con mucho, la B12, que ayuda a elevar los niveles de energía y aumenta la tasa de metabolismo en tu cuerpo, ayudando a la pérdida de peso y a la absorción de grasas.

Coenzima Q10

Sin duda, uno de los mejores suplementos que se pueden conseguir para el antienvejecimiento. Normalmente nuestros cuerpos producen esta coenzima de forma natural. El Q10 ayuda a nuestros cuerpos a producir ATP o trifosfato de adenosina, que es el combustible que ayuda a nuestras células a funcionar. Sin embargo, a medida que envejecemos, nuestros cuerpos producen cada vez menos esta coenzima, lo que resulta en algunas enfermedades como el Parkinson, el cáncer y las enfermedades cardíacas.

Un estudio reciente ha demostrado que tomar Q10 como suplemento reduce el riesgo de enfermedades cardíacas y promueve la absorción de antioxidantes en el torrente sanguíneo. También se ha demostrado que el Q10 mantiene bajos los niveles de azúcar en nuestro cuerpo, así como el colesterol.

Si decides tomar el suplemento, ten en cuenta que viene en varias formas, desde cápsulas hasta tabletas. Yo recomendaría conseguirlos en forma de gel si es posible, ya que nuestro cuerpo lo absorbe más rápido que las cápsulas.

Aspirina

Lo creas o no, ¡uno de los mejores suplementos que puedes tomar para retrasar los efectos del tiempo podría estar en tu baño! La aspirina no sólo elimina el dolor de cabeza, sino que también es excelente para aliviar el dolor leve y para aumentar el flujo sanguíneo, que es una de las mejores cosas que puede hacer para mejorar tu salud en general, ya que esto reparará las células, mejorará la circulación, mejorará la función renal y hepática y reducirá el riesgo de enfermedades cardíacas y cáncer de colon al retrasar el desarrollo de pólipos y otras toxinas. Sin embargo, no te pases con la aspirina, ya que el aumento de dosis se ha relacionado con el dolor abdominal y la diarrea.

Carnitina

La carnitina es un nutriente natural que se produce en el hígado y es responsable de convertir las reservas de grasa en energía. También se ha demostrado que la carnitina reduce los síntomas de la angina de pecho al aumentar la circulación general y reducir el dolor de las articulaciones. También se ha demostrado que la carnitina reduce el riesgo de padecer la enfermedad de Alzheimer y mejora la memoria a largo plazo, además de ayudar al desarrollo de otras condiciones mentales como la demencia o la depresión. Los hombres también se alegrarán de saber que la carnitina aumenta el recuento de espermatozoides y se ha relacionado con el aumento de los niveles de testosterona. Recomiendo tomar por lo menos 1 gramo de carnitina por día y hasta 3 gramos para los pacientes que sufren de mala circulación.

Hormona de crecimiento humano

Es un tema delicado ya que la mayoría de la gente asocia la hormona de crecimiento humano (HGH) con fisicoculturistas o atletas profesionales. En primer lugar, la HGH es producida naturalmente en el cuerpo por la glándula pituitaria, y aunque es vital en el desarrollo temprano, la HGH puede ayudarnos enormemente a disminuir el tiempo en nuestros cuerpos y ayudarnos a revertir los efectos del envejecimiento.

La HGH sintética ha estado disponible desde mediados de los 80 y aunque ningún estudio oficial ha probado los efectos de la HGH, esta hormona todavía es utilizada por miles de personas para curarse más rápido, promover el crecimiento de la densidad ósea y el aumento de los niveles de testosterona. Animo a cualquiera que considere la HGH como un tratamiento a que consulte con su médico antes de tomar cualquier decisión drástica.

Conclusión

El envejecimiento es un hecho de la vida, nos guste o no, nuestros cuerpos eventualmente envejecerán y se descompondrán. Lo que podemos hacer es disminuir los efectos del tiempo en nuestros cuerpos siguiendo algunos simples consejos que nos ayudarán a mejorar nuestro aspecto y cómo nos sentimos.

Recuerda que si comemos bien, hacemos ejercicio y cambiamos un poco nuestros hábitos, podemos mejorar enormemente nuestra calidad de vida y cómo nos sentimos con nosotros mismos.

Por supuesto que es posible mantenerse joven por más tiempo usando productos caros y obteniendo cirugías riesgosas. Pero, ¿por qué deberíamos dejar que llegue a ese punto cuando todo lo que necesitamos está a nuestro alcance? Al mejorar naturalmente las condiciones de nuestro cuerpo no sólo estamos extendiendo su vida, sino que también estamos tomando el control sobre cómo el tiempo y el medio ambiente nos afectará.

Los medios de comunicación, la presión de los compañeros y otros factores han cambiado la forma en que nos vemos a nosotros mismos y si queremos ajustarnos a esas normas y a la vez mantenernos sanos, tenemos que seguir hábitos que mejoren nuestra forma de sentir y de ver.

Es sorprendente pensar que alrededor de finales del siglo pasado, la esperanza de vida era de menos de 50 años para la mayoría de las naciones del primer mundo y es increíble lo mucho que ha cambiado la vida en los últimos 100 años más o menos donde la esperanza de vida se acerca a mediados de los 70.

Esto no sólo prueba que la ciencia del antienvejecimiento funciona, sino también que las condiciones en las que vivimos afectan el tiempo y la calidad de vida.

Finalmente, como consejo, me gustaría añadir una palabra sobre la motivación. No te dejes frustrar por los efectos naturales del tiempo, recuerda que siempre hay algo que podemos hacer para mejorar las cosas y si los consejos de este libro no te dan los resultados que buscabas, entonces, por todos los medios, siéntete libre de intentar algo más. Estoy seguro, sin embargo, que si sigues los consejos cuidadosamente y aprendes a cuidarte, verás resultados en un corto período de tiempo.

Buena vida!